Orakelsprüche rund ums Jahr

W0186955

FLECHSIG – KLEINE BIBLIOTHEK

Orakelsprüche rund ums Jahr

Mit den Planetenbildern der Handschrift »De Sphaera«

* * *

Herausgegeben von
Ernst-Otto Luthardt

FLECHSIG

Planetenbild *»Mond«*

Orakelsprüche und Planetenbilder

Schon des Überlebens wegen war unseren Vorfahren der richtige Zeitpunkt für die Arbeit auf dem Feld und auf der Wiese, im Wald und auf dem Hof, im Stall und im Haus wichtig. Sie beobachteten ihre Umgebung und ihr Tun, suchten nach Zusammenhängen. Eine große Rolle spielten und spielen jene Regeln, mit denen sie das Wetter bestimmten. Im Laufe der Jahrhunderte wuchs auf der Grundlage der gewonnenen Erfahrungen ein Gerüst von Ratschlägen, Hinweisen und tatsächlichen oder angenommenen Beziehungen. Von den großen Zeitläufen kam man ins Detail, von den Jahren und Jahreszeiten zu den Monaten, Tagen und sogar Stunden. Im vorliegenden Buch wird für fast jeden Tag des Jahres Bemerkenswertes aufgeführt. Hier finden sich Anleitungen für den Gärtner und die Hausfrau, den Waldarbeiter sowie für andere Berufe und Tätigkeiten. Außerdem Heilmittel für Mensch und Vieh und viele Wetter-, Schicksals-, Liebes-, Ernte- und andere Orakel. Manches wird man bestätigt finden, manches bezweifeln müssen. Auf jeden Fall bewahrt diese Sammlung volkskundliches Wissen und bietet vielerlei Anregung und Unterhaltung.

Die Illustrationen zeigen die sieben Planeten und entstammen der im 15. Jahrhundert entstandenen Handschrift »De Sphaera«, die in der Bibliotheca Estense in Modena aufbewahrt wird. Im geozentrischen Weltbild sah man die Erde als den Mittelpunkt der Himmelssphäre. Der Tierkreis mit seinen Sternbildern ist die schrittweise Entfaltung des Jahres und umschließt die seinerzeit bekannten sieben Planeten, zu denen man auch die Sonne zählte. Jeder dieser Planeten hat für das individuelle Horoskop, das sich aus Ort und Stunde der Geburt ergibt, eine bestimmte Bedeutung und wird mit bestimmten Merkmalen und Berufen in Verbindung gebracht. Die Planetengötter sind poetische Analogien zu himmlischen und psychologischen Funktionen. Während die Sonne und der Mond das innere und äußere Bewusstsein des Menschen ausdrücken, beschreiben die Planeten die Gesetze, die für das Herz, den Geist und das Handeln des Menschen bestimmend sind. Diese Auffassung spiegelt die Idee von der Psyche als Sonnensystem, in dem die Instinkte, Emotionen und Gedanken um die Lichtkörper des Selbst kreisen. Die Sonne stellt dabei den Wesenskern des Menschen dar und ihre Stellung im Horoskop weist auf die Eigenschaften jenes inneren Lebensantriebs hin, der das Schicksal des Individuums regieren und formen wird. Der Mond beschreibt im Geburtsbild die allgemeine Gemütsverfassung; seine Stellung im Tierkreis bestimmt die Art des Selbstbewusstseins, mit dem der Mensch der Welt gegenübertreten wird. Da der Mond die Sonne reflektiert, wirkt er in dem Menschen wie dessen Maske: Die Persönlichkeit, die das wahre Ich überdeckt. Merkur stellt den wechselvollen Aspekt der menschlichen Natur dar. Venus kann wie alle Planeten gute und schlechte Aspekte haben, d.h. die Winkel zwischen ihr und den anderen Planeten können ihren Einfluß intensivieren oder hemmen. Das psychologische Prinzip des Mars ist die Steuerung der Emotionen. Jupiter ergänzt den die Emotionen steuernden Mars und wirkt dort expansiv, wo Mars einschränkt, und umgekehrt. Saturn ist das Sinnbild des Intellekts und je nach seiner Stellung in den sog. astrologischen Häusern zum Zeitpunkt der Geburt steuert er das Maß, mit dem ein Mensch sich in geschäftlichen Dingen oder in der Liebe berechnend bzw. vorausschauend verhält. In den kostbaren Buchmalereien sind noch einmal viele Deutungen und Bedeutungen vom Geheimnis der verborgenen Mächte und ihre Wirkung im Alltag versteckt. Sie zu erläutern, würde Bände füllen, so dass man an dieser Stelle allein ihren künstlerischen Wert würdigen möge.

Die Wirkungen des Planeten Mond

JANUAR

1. Januar
Wenn heute die Sonne scheint,
werden alle Geschäfte gelingen.

2. Januar
Ein verworfener Tag.
Neuanfänge irgendwelcher Art wären töricht,
Reisen ebenso.

3. Januar
Wenn heute die Sonne scheint,
wird es in diesem Jahr viel Nebel geben.

4. Januar
Wenn heute die Sonne scheint,
werden die Kriege und Unruhen auf der Erde
weiterhin kein Ende nehmen.

6. Januar
Wer einem heute zur Dämmerstunde
zuerst begegnet,
wird der (die) künftige Ehegatte (-gattin).

8. Januar

St. Erhard mit der Hack'
steckt die Feiertag' in den Sack.

9. Januar

St. Julian bricht das Eis
oder bringt's mit von seiner Reis'.

10. Januar

Gibt's zu Agathe Sonnenschein,
bringt das viel Korn und Wein.

11. Januar

Wenn die Wünschelrute Silber anzeigen soll,
muß man sie heute, am Tage des hl. Balthasar,
auf dessen Namen taufen.

12. Januar

Ein guter Tag für einen Aderlaß.
Nach altem Glauben fließt heute das Blut schneller.

13. Januar

Mit St. Hilarius endet die Weihnachtszeit endgültig,
die Fastenzeit beginnt. Wer bis heute seinen
Christbaum noch nicht gelehrt hat, sollte damit keinen
einzigen Tag mehr verstreichen lassen.

14. Januar

Wer sich heute schröpfen läßt,
gibt so mancher Krankheit den Rest.

15. Januar

Einem milden Paulustag
folgen im Frühjahr kalte Winde nach.

17. Januar

Wer heute die Wohnung säubert,
wird nicht viel erreichen.

18. Januar

Der letzte verworfene Tag in diesem Monat.

20. Januar

Der 20. Januar ist der letzte Tag zum Fällen von Winterholz. Danach darf kein Bauholz mehr geschlagen werden.

21. Januar

Um den heutigen Agnestag erscheinen
die ersten Lerchen.

22. Januar

An Vincenzi Sonnenschein,
bringt viel Korn und Wein.

24. Januar

Wer heute zu mitternächtlicher Stunde rückwärts
sein Treppenhaus kehrt, hat alles für einen glücklichen
Verlauf des Jahres getan. Außerdem wird das,
was die Frauen dabei erblicken, wahr.

25. Januar

Wer heute seinen Hühnern aus Zwiebelschalen
ein Nest baut, bekommt Eier genug.

27. Januar

Ein Glückstag.

30. Januar

Zu Martina Sonnenschein,
füllt Scheuer und Keller mit Korn und Wein.

31. Januar

Heute geschlagenes Holz wird weder faulen,
noch wurmig und mit zunehmendem Alter
immer härter werden.

FEBRUAR

1. Februar

In jener Ortschaft, wo heute Zwillinge
geboren werden, folgen im selben Jahr
noch mindestens drei nach.

2. Februar

Ein guter Tag, um eine größere Arbeit
zu beginnen beziehungsweise um ein
langgehegtes Vorhaben in die Tat umzusetzen.

3. Februar

Einer der verworfenen Tage!
Nichts, aber auch gar nichts Entscheidendes
anpacken. Außer, wenn nötig, Maßnahmen
gegen Halsschmerzen einleiten.

5. Februar

Eine heute eingesperrt gehaltene Gans
wird nie mehr in andere Ställe gehen.

6. Februar

Bringt Dorothe recht viel Schnee,
wächst im Sommer reichlich Klee.

Planetenbild *»Saturn«*

7. Februar

Endlich: ein Glückstag.

8. Februar

Wieder ein verworfener, also unheilvoller Tag.

9. Februar

Ist's an St. Apollonia feucht, der Winter spät entfleucht.

12. Februar

St. Eulalia Sonnenschein,
bringt viel Obst und guten Wein.

14. Februar

Junge Mädchen heiraten den Mann,
den sie heute zuerst vor ihrer Haustür erblicken.

16. Februar

Erneut ein verworfener Tag!

18. Februar

Heute ist endlich wieder ein Glückstag!

22. Februar

Ein guter Tag, um das Ungeziefer
aus dem Haus zu vertreiben.

24. Februar

Personen beiderlei Geschlechts sollten Getreidekörner ins Wasser werfen und beobachten, ob sie voneinander weg oder aufeinander zuschwimmen.

26. Februar

Die Stöcke jener Bäume, die heute, morgen und übermorgen bei abnehmendem Mond geschlagen werden, treiben keine neuen Schößlinge, sondern verfaulen.

28. Februar

St. Roman hell und klar
zeigt an ein gutes Jahr.

29. Februar

Heute Geborene sind geistersichtig.

MÄRZ

1. März
Heute getrunkener Wein spendet die meiste Kraft.

2. März
Wie das Wetter heute ist, so wird der Sommer sein.

3. März
Wie das Wetter heute ist, so wird der Winter sein.

4. März
Ein guter Tag, um durch Klopfen an die Stöcke die Bienen daran zu erinnern, daß das Frühjahr unmittelbar bevorsteht.

5. März
Ein ausgesprochener Glückstag.

6. März
Wer heute die aufgehende Sonne mit gezogenem Hut begrüßt, wird es nicht bereuen.

7. März
Ein guter Tag, um die Obstbäume auszuschneiden.

Die Wirkungen des Planeten Saturn

9. März

Heute gelingt alles: ein Glückstag!

10. März

Ebenfalls ein guter Tag
zum Ausputzen der Obstbäume.

11. März

Bringt Rosamunde Sturm und Wind,
so ist Sibylla (29. April) uns lind.

12. März

Am Gregoritag werden die Störche zurückerwartet.
Ihre Ankunft oder ihr Ausbleiben zeigen
die Nähe oder Ferne des Frühlings.

13. März

Ein verworfener Tag.
Wer heute alles Wichtige ruhen läßt,
rostet keineswegs, sondern erweist sich
als ausgesprochen klug.

14. März

Noch ein Unglückstag!

15. März

Nach altem Glauben sollen sich heute
die in der Erde verborgenen Schätze sonnen
und relativ leicht zu entdecken sein.

16. März

Wenn es heute donnert, wird es eine gute
Roggenernte geben.

17. März

Eine Reise, von der Entscheidendes abhängt,
sollte man möglichst auf den heutigen Tag verlegen,
um eines guten Ausganges gewiß zu sein.

19. März

St. Josephus ist ein besonders guter Heiratstag.
Heute geschlossene Ehen haben langen Bestand.

21. März

Die Küken, die heute schlüpfen,
legen besonders fleißig.

24. März

Scheint auf St. Gabriel die Sonn',
hat der Bauer Freud' und Wonn'.

25. März

Heute an die Luft gehängte Kleider bleiben
von Mottenfraß verschont.

27. März

Wer heute seine Obstbäume schüttelt,
beugt Raupenbefall vor.

29. März

Der letzte verworfene Tag in diesem Monat.

30. März

Roswitha zeigt an,
was man vom Sommer erwarten kann.

31. März

Wer geschlachtet hat, tut gut daran,
heute das Fleisch aus dem Rauch zu nehmen.

Planetenbild *»Venus«*

APRIL

1. April

Wer es schafft, den ganzen Tag über nichts zu trinken,
wird den Sommer über keinen Durst verspüren.

2. April

Sturm und Wind an Rosamunde
bringen eine gute Kunde.

3. April

Ein guter Tag zum Roden des Holzes. Heute abgeholzte
Bäume und Sträucher wachsen nicht mehr nach.

4. April

Wer an Ambrosius Zwiebeln sät,
dessen Ernte wohlgerät.

5. April

Ist St. Vinzenz Sonnenschein,
bringt es viele Körner ein.

9. April

Wenn der Kuckuck heut' nicht singt,
dann sein Leben im Eis verklingt.

10. April

Leinsamen an St. Ezechiel, dem hundertsten Tag
nach Neujahr, wird gedeihen wunderbar.

14. April

Heute ist die beste Gelegenheit, die Probe aufs Exempel
zu machen, wie weit es mit dem Frühling steht:
Falls nicht alle Felder grün sind, ist Verspätung offenbar.

15. April

Heute um Himmels Willen keinen Dünger fahren.

17. April

Wieder ein Glückstag.

19. April

Heute ist der einzige verworfene Tag in diesem Monat;
so kann man sich gut darauf einstellen.

20. April

Heute, drei Tage vor Georgi,
ist der beste Termin für die Gerstensaat.

22. April

Wer heute seinen Schnittlauch versetzt,
kann sicher sein, daß der gut gedeihen wird.

23. April

Wenn heute das Korn so hoch ist, daß sich ein Rabe darin verstecken kann, so ist eine gute Ernte zu erwarten.

24. April

Die Georgennacht ist eine jener »Freinächte«, in denen ledige Burschen das Recht haben, mit den Mädchen ihren Schabernack zu treiben.

25. April

Bestimmte Leute können heute vor den Portälen der Kirchen diejenigen sehen, die im nächsten Jahr sterben werden.

28. April

Friert's am Tage von St. Vital,
friert es wohl noch fünfzehnmal.

29. April

Ein heute gebrochener und auf die Tür des Hauses gelegter Kreuzdornzweig schützt das Anwesen vor Hagel und Blitz.

30. April

Um die Hexen nicht anzulocken, ist am heutigen Tage Wäschewaschen verboten. Gegen ihr Eindringen in das Haus hilft es, ein Kreuz an die Tür zu schreiben oder einen Besen unter die Schwelle zu vergraben.

Die Wirkungen des Planeten Venus

MAI

1. Mai

Wer ein heute gepflücktes Maiglöckchen bei sich trägt, dem wir es das Jahr über besonders gutgehen.

2. Mai

Ein Glückstag!

3. Mai

Ein guter Tag für die Gerstensaat.

4. Mai

Wer den heutigen Tag außerhalb seines Hauses verbringt, erwirbt Segen für sich und seinen Besitz.

7. Mai

Weint Tränen der Stanislaus,
tut uns das nicht leid;
werden blanke Heller draus
über kurze Zeit.

8. Mai

Heute geschlossene Ehen stehen unter keinem guten Stern.

9. Mai

Steckt man an Hiob die Bohnen,
so wird es sich lohnen.

10. Mai

Ein verworfener Tag.

11. Mai

Wenn es heute regnet,
wird es viel und guten Wein geben.

12. Mai

Heute geborenes Vieh steht unter
einem schlechten Stern.
Unglücksfälle werden nicht ausbleiben.

13. Mai

Pankratius und Servatius sind zwei böse Brüder:
Was der Frühling macht, zerstören sie wieder.

14. Mai

Ein Glückstag!

15. Mai

Damit der Flachs gedeiht, muß es heute regnen.

16. Mai

Heute ist eine gute Gelegenheit,
um gegen solche Leute vorzugehen,
die einem Übles nachreden.

22. Mai

Der Tag der hl. Helene
bringt schicksalskündende Träume.

24. Mai

Lein, gesät an Esthern,
wächst am allerbesten.

25. Mai

Danket St. Urban, dem Herrn,
er bringt dem Getreide den guten Kern.

31. Mai

Auf Petronellentag Regen,
wird sich der Hafer legen.

• IVPITER •

Planetenbild *»Jupiter«*

JUNI

1. Juni

Ist es am Fortunatustag klar,
so wird es ein gesegnetes Jahr.

2. Juni

St. Erasmus ist ein Mann,
mit dem man gut Lein säen kann.

3. Juni

Auf diesen Glückstag hat man lange warten müssen.

5. Juni

Noch ein Glückstag!

7. Juni

Aller guten Dinge sind drei: Ein Tag, an dem alles gelingt.

8. Juni

Mit so viel, wie heute vom Abendbrot übrigbleibt, wird man den Sommer über mit der Arbeit im Rückstand sein.

9. Juni

Ein Tag zum Glücklichsein.

10. Juni

Wenn es heute regnet, wäre dies schlecht für die Nüsse.

12. Juni

Ein Glückstag.

13. Juni

Der hl. Antonius hilft, verlorene Gegenstände aufzuspüren.

14. Juni

St. Basilius ist einer der günstigsten Tage des Jahres für Liebesorakel wie dieses: Grabe ein Stück Rasen vor deiner Tür aus. Falls du darin einen Wurm findest, steht deine baldige Heirat bevor. Falls du schon verehelicht bist, wird es Komplikationen geben.

15. Juni

Die Veitsnacht ist eine der »Freinächte«, an denen sich die jungen Burschen allerhand erlauben dürfen.

16. Juni

Wer auf St. Benno baut, kriegt viel Flachs und Kraut.

17. Juni

Ein verworfener Tag.

18. Juni

Sträucher und Unkraut, heute ausgerissen, wachsen nie mehr nach.

19. Juni

Wenn's regnet auf Gervasius, es vierzig Tage regnen muß.

21. Juni

Erdbeeren, heute gepflückt, getrocknet und in Branntwein gelegt, sind ein probates Mittel gegen Mundfäule.

22. Juni

Die 10 000-Ritter-Nacht ist außerordentlich günstig für Liebesorakel: Man gebe verschiedene, mit dem Namen der jeweiligen Liebhaber(innen) versehene Blüten in ein leeres Glas und schaue am nächsten Morgen nach, welche noch frisch ist.

23. Juni

Wer den Mäusen im Haus nicht Herr wird, sollte sie dadurch zu vertreiben versuchen, indem er heute um das Anwesen herum Wasser vergießt und so einen magischen Kreis schlägt.

24. Juni

Gewürze sind heute am heilkräftigsten beziehungsweise am aromatischsten.

25. Juni

Ein Glückstag.

27. Juni

Wer heute früh bis sieben Uhr schläft, wird das ganze Jahr über zu dieser Zeit erwachen.

29. Juni

Wer heute draußen badet, riskiert sein Leben.

Die Wirkungen des Planeten Jupiter

JULI

1. Juli

Haselzweige, heute ans Fenster gesteckt,
schützen vor Blitzschlag.

2. Juli

Mariä Heimsuchung mit Regen
wird sich erst nach sechs Wochen legen.

4. Juli

Wer heute auf einen Kirschbaum steigt,
hat gute Chancen, sich den Hals zu brechen.

6. Juli

Ein Glückstag!

8. Juli

Wer in der Kiliansnacht
leuchtendes Farnkraut findet und es bei sich trägt,
wird unsichtbar.

10. Juli

Farnkraut, das heute ausgerissen wird,
wächst nicht mehr nach.

12. Juli

Falls heute der Mond im Zunehmen ist, grabe man die Wurzel einer Margerite aus und trage diese bei sich. So wird man des Glückes für immer gewiß sein.

15. Juli

Ein rechter Bauersmann
fängt zu St. Heinrich die Ernte an.

17. Juli

Regen an Alexe wird zur
alten Hexe (schadet vor allem dem Korn).

19. Juli

Nach längerer Zeit wieder ein verworfener Tag.

20. Juli

Wenn es heute donnert,
sind wurmstichige Nüsse zu erwarten.

22. Juli

Es empfiehlt sich heute,
Haare und Nägel schneiden zu lassen.

23. Juli
Eine gute Zeit, um sich seiner Hühneraugen zu entledigen.

24. Juli
Da heute die Wurzeln des Roggens absterben, ist dieser Tag für den Beginn der Ernte besonders günstig.

25. Juli
Baden und Kirschenpflücken sollte man heute tunlichst unterlassen.

26. Juli
Ein guter Tag für alle Herzensangelegenheiten.

28. Juli
Wer heute eine Königskerze ausgräbt und diese als Amulett am Körper trägt, wird gegen Schlagfluß gefeit bleiben.

30. Juli
Ein Glückstag!

MERCVRIVS

Planetenbild »*Merkur*«

AUGUST

1. August

Wer heute etwas Entscheidendes tut (wie etwa heiraten), würde es sein Leben lang bereuen.

2. August

Heute steht der Himmel offen. Wer an diesem Tage stirbt, kommt auf direktem Wege hinein …

3. August

Wer heute an seinen Weinstöcken rüttelt, erzielt einen besonders feinen Geschmack der Trauben.

4. August

Ein Wurzelstückchen von einer heute zwischen 11.45 Uhr und 12.00 Uhr ausgegrabenen Blauen Wegwarte, auf's Brot gegeben und gegessen, wirkt segensreich gegen Schmerzen.

5. August

Man achte heute besonders auf seine Träume. Sie können von schicksalshafter Art sein.

7. August

An St. Afra Regen kommt dem Bauer ungelegen.

8. August

Man verzehre heute eine Traube. Mit noch geringerem Aufwand kann man seiner Gesundheit kaum dienen ...

10. August

Wenn jetzt die »Laurentiustränen« (Sternschnuppen) vom Himmel fallen, gibt es Gelegenheit genug sich geheime Wünsche zu erfüllen.

13. August

Ein Unglückstag.

14. August

Nach dem gefährlichen 13. August nun gleich darauf ein Glückstag!

15. August

Eine ganz besondere Bedeutung hat der heutige Tag für das Sammeln von Kräutern, die ihre größte Heilwirkung entwickeln.

16. August

Wer heute auf das Feld geht, beschwört Hagel herauf.

17. August

Vorsicht und Zurückhaltung sind angebracht.

18. August

Ehe man taube Obstbäume fällt, sollte man sie
zunächst am heutigen Tage noch einmal besteigen
und kräftig schütteln. Auf diese Weise
hat so mancher Baum wieder Erträge gebracht.

20. August

Ein Glückstag.

22. August

Ein verworfener Tag.

24. August

Die Trauben jener Weinstöcke, welche heute
in der Früh gerüttelt werden, ergeben einen vorzüglichen
Trunk gegen Magenschmerzen.

28. August

Um die Zeit von Augustin, geh'n die warmen Tage hin.

29. August

Der letzte verworfene Tag in diesem Monat.

31. August

St. Raimund treibt die Wetter aus.

Die Wirkungen des Planeten Merkur

SEPTEMBER

1. September

Gefährlich wird es, wenn der 1. September auf einen Sonntag fällt: Die an diesem Tag Geborenen haben es im Leben sehr schwer. Auch ist bei dieser Konstellation die Gefahr groß, daß Kinder beim Baden verunglücken.

6. September

Heute ist wieder ein Glückstag.

7. September

Ist Regina warm und wonnig, bleibt das Wetter lange sonnig.

8. September

Eine heute gesammelte und eine Weile unter der Zunge getragene Wegwarte stärkt Lunge und Bronchien.

10. September

Ein Glückstag.

11. September

Wenn's an Protus nicht näßt,
ein dürrer Herbst sich erwarten läßt.

12. September

An Mariä Nam' kommen die Schwalben zusamm'.

13. September

Ein Glückstag!

14. September

Schlimm würde es Brautpaaren ergehen,
die sich in dieser Woche trauen lassen.

16. September

St. Ludmilla, das fromme Kind, bringt gern Regen und Wind.

17. September

Wer bis jetzt die Ernte noch nicht abgeschlossen hat,
muß sich beeilen.

18. September

Ein Glückstag!

21. September

Ein verworfener Tag. Doch das schlimmste ist,
daß noch sieben andere unmittelbar darauf folgen.

22. September

Zeigt sich klar Mauritius, viele Stürm' er bringen muß.

23. September

Am heutigen Theklatag in der zwölften Stunde des Tages
gegrabene Zwiebeln der Herbstzeitlose helfen
gegen Schwindel und Kopfweh.

24. September

Noch ein Unglückstag!

25. September

Nebelt's an St. Kleophas, wird der ganze Winter naß.

26. September

Noch ein verworfener Tag.

27. September

Unglückstag Nummer Sieben.

28. September

Endlich: der letzte verworfene Tag
in dieser unheilvollen Reihe!

29. September

Um den Verlauf des nächsten Jahres vorauszusehen,
hole man eine Handvoll Eicheln in die Stube und öffne sie:
Eine Spinne darin bedeutet ein schlimmes,
eine Fliege ein mittelmäßiges, eine Made ein gutes Jahr.

MARS

Planetenbild *»Mars«*

OKTOBER

1. Oktober

Heute ist ein guter Tag für den Beginn der Ackermast.

2. Oktober

Fällt das Laub auf Leodegar,
so ist das nächst ein fruchtbar' Jahr.

3. Oktober

Ein verworfener Tag. Also Vorsicht!

7. Oktober

Ein guter Tag zum Holzfällen.

8. Oktober

Am heutigen Brigittentag ausgegrabene Weißwurz hilft (auch im übertragenen Sinne), verlorene Schätze zu entdecken.

9. Oktober

Regnet's an St. Dionys, wird der Winter naß gewiß.

11. Oktober

Abwarten und Tee trinken. Ein verworfener Tag.

13. Oktober

Ein günstiger Tag,
um seine Darmprobleme in den Griff zu bekommen.

14. Oktober

Die Woche um den Tag des hl. Burkhard gilt als besonders günstig für das Ausbringen der Wintersaat.

15. Oktober

Ein Glückstag, den man nutzen sollte.

16. Oktober

Wer heute schlachtet und Fleisch und Wurst einlagert (auch einweckt), wird keine Freude daran haben.

17. Oktober

Hedwige gibt Zucker in die Rübe.

18. Oktober

Da heute die Hexen unterwegs sind,
tut man gut daran, nichts zu verborgen.

19. Oktober

Kinder, die drei Tage nach Gallus geboren sind,
haben die Neigung,
sich zu Nachtmahren zu entwickeln.

20. Oktober
St. Wendelin, verläßt uns nie,
schirmt unseren Stall, schützt unser Vieh.

21. Oktober
Wenn St. Ursula mit Sonne lacht,
wird wenig Schnee vor'm Christfest gemacht.

22. Oktober
Ab heute soll es mit den Fliegen im Haus weniger werden.

23. Oktober
Wenn's St. Severin gefällt,
bringt er mit die erste Kält'.

25. Oktober
Ein Glückstag!

28. Oktober
Heute ist ein ganz besonderer Tag für das Reglement
in der Ehe: Wer zuerst aufsteht, der wird auch
das ganze Jahr über das Zepter führen.

31. Oktober
Auch wenn heute die Sonne nicht vom Himmel lachen sollte,
wird einem doch das Glück zur Seite stehen!

Die Wirkungen des Planeten Mars

NOVEMBER

1. November

Die heute Geborenen sind geistersichtig!

2. November

Vegetarisches Essen am heutigen Tage (Milchspeisen)
ist der Gesundheit von großem Nutzen.

3. November

St. Hubertus und die Jäger mögen sich …
Deshalb ist heute auch ein guter Tag für
den Beginn der neuen Jagdsaison.

4. November

Wenn's an Karolus stürmt und schneit,
dann lege deinen Pelz bereit
und heiz' im Ofen wacker ein:
Bald zieht die Kälte bei dir ein.

6. November

Nach der vielen Arbeit Schwere,
an Leonhard die Rösser ehre.

11. November

Am heutigen Tag wirkt der Wein Wunder.
Man kann sich – je nach Bedarf – Schönheit,
Stärke (Gesundheit) antrinken.

12. November

Der einzige verworfene Tag in diesem Monat …

15. November

Ein Glückstag.

16. November

Ein guter Tag, um den neuen Wein zu probieren.

19. November

Elisabeth sagt's an,
was der Winter für ein Mann.

21. November

Wenn an Mariä Opferung Bienenflug,
nagt das kommende Jahr am Hungertuch.

22. November

Am heutigen Buß- und Bettag, müssen alle nicht
lebenswichtigen Arbeiten ruhen.

23. November

Wie das Wetter heute, so der ganze Winter.

25. November

Regen am heutigen Tag ist den Schiffern
ein gutes Zeichen für den rechtzeitigen Angang
der Schiffahrt im Frühjahr.

26. November

Noch niemals stand ein Mühlenrad
an Konrad – weil er Wasser hat.

27. November

Friert es auf Virgilius,
im Märzen Kälte kommen muß.

30. November

Wer jemanden abstrafen will,
schlage heute nacht mit einer Haselgerte
auf eine Hose oder ein Kleid und denke dabei
konzentriert an die betreffende Person –
die dann tatsächlich den Schmerz verspüren wird.

• SOL •

Planetenbild *»Sonne«*

DEZEMBER

1. Dezember

Wer heute heiratet,
ist selber schuld an seinem Unglück.

2. Dezember

Wenn's regnet an Bibianastag,
regnet's vierzig Tage und eine Woche danach.

4. Dezember

Mannsleute, die heute Frauenkleider
anziehen und fasten,
erblicken im Traum ihre künftige Gattin.

6. Dezember

Um sich Nixen und Geister gewogen
zu machen, »füttere« man sie heute
(bzw. die Flüsse und Gewässer)
mit Speisen oder auch Kleidungsstücken.

7. Dezember

Ist Ambrosius schön und rein,
wird St. Florian (4. Mai) ein wilder sein.

8. Dezember

Der 8. Dezember ist günstig
für den Beginn von Heilkuren und
das Abstillen der Kinder.

10. Dezember

Wer heute vor Sonnenaufgang
mit einem Messer leicht
in den Stamm seiner Obstbäume ritzt,
kann auf eine gute Ernte hoffen.

13. Dezember

Heute sollte man weder nähen, noch waschen
und nichts aus dem Hause geben.

14. Dezember

Ein guter Tag, um Ratten und Mäuse
aus dem Haus zu vertreiben.

17. Dezember

Ist St. Lazar nackt und bar,
wird ein gelinder Februar
(Oder: ein schönes neues Jahr).

20. Dezember

Ein Glückstag!

21. Dezember

Wer heute während des Abendläutens
einen Holunderstrauch schüttelt,
hört einen Hund aus jener Richtung bellen,
in welcher der Zukünftige wohnt.

23. Dezember

In der sogenannten »Durchspinnacht«
spukt es im Haus besonders.

24. Dezember

Die Nacht vom 24. auf den 25. Dezember
ist eine der vielversprechenden
»Glücksnächte« des Jahres.

25. Dezember

Heute unter der Frühpredigt Geborene
werden geistersichtig.

26. Dezember

Wenn heute die Sonne scheint,
so bedeutet dies Streit und
Uneinigkeit unter den Menschen.

27. Dezember

Ein guter Tag für allerlei zauberisches Tun.

28. Dezember

Falls heute, am Tag der Unschuldigen Kindlein,
der Himmel mit Federwolken bedeckt ist,
werden es die im nächsten Jahr
geborenen Knaben schwer haben.

29. Dezember

Wenn heute die Sonne scheint,
wird es Überfluß an Baum- und Feldfrüchten geben.

30. Dezember

Wenn heute die Sonne scheint,
wird es viel Gras geben,
aber wenig Korn und Wein.

31. Dezember

Geld vermehrt sich,
wenn man es heute Schlag 24.00 Uhr
auf den Tisch legt.

Die Wirkungen des Planeten Sonne

Bildnachweis:
Biblioteca Estense, Modena

Titelbild:
Planetenbild *»Sonne«*

Sonderausgabe für Flechsig-Buchvertrieb
© 1998 Stürtz Verlag GmbH, Würzburg
Printed in Germany

ISBN 3-88189-238-9